हृदयगीत

दिल की बातें

विशाल बी. गोला

मैं इस किताब को अपनी आत्मा और अपने सपने के उस अंधेरे को समर्पित करता हूं जो अंततः मुझे ईश्वर के शाश्वत प्रकाश से जोड़ता है।

"(अन्धकार और शून्यता परमपिता परमात्मा के अनंत रूप हैं और प्रकाश ईश्वरीय प्रेम का निश्चित रूप।)"

-हृदय

क्रम-सूची

भूमिका

"दिल की कुछ बातें दिल को समझानें के लिए,
दिल से लिखी हुई दिल को बतानें के लिए,
खुदा से लेकर हमसफर तक,
बातें कुछ अनकही खुद को समझाने के लिए।"

यह शब्द है हमारे, पर बातें सभी के दिलों की है इसलिए सोचा इन्हें लिखकर अमर कर दें ताकि भविष्य में कोई जब भी अपनी जिंदगी में खुद से हार जाए या ऐसा लगे कि अब शब्द नहीं है खुद को किसी के सामने बयां करने के लिए तो वह इन्हें पढ़कर यह सोच सके कि '*दिल की हर आवाज सिर्फ हमारे दिल की धड़कन है किसी और के ईमान की जागीर नहीं।*'

एक बात और जब मोहब्बत खुदा से होना तब भी बात ईमान की होती हैं फर्क सिर्फ इतना है कि तब ईमान हमारा होता है और दर्द भी हमारा ही होता है।

1. प्यारे आएंगे

इंतजार हो शबरी सा,
प्रीती हो मीरा सी,
प्यार रूक्मिणी का
और ममता यशोदा सी
तब कैसे नहीं आएंगे
केशव पुकार हमारी पर,
जब हर सांस ही हो
जाएगी मनमोहन की।
हर पल जब दिया जलेगा
कृष्ण की याद में,
उजियाला भी पहुंचेगा
गिरीधर के द्वार पर,
कमलनयन खोलकर
प्यारे अपने भी आएंगे,
लेकर संग लाडली और
बांसुरी हाथ बांस
की।
बातों पर हमारी,
कुछ वो भी मुस्काएंगे
सुनेंगे वो और हम उनसे बतीयाएंगे
यूं ही बीत जाएंगी दुखों की सब रातें,
जब थक कर संसार से,
मूरलीधर मूरली तब अपनी सुनाएंगे,
रख सर अपना सिर,

श्री जी की गोद में,
देखते हुए सपने घनश्याम के,
मूंद कर अपनी आंखें हम भी सो जाएंगे।

2. यह जीवन।

पुरुष पुरुषार्थ दिखावे,
स्त्री दिखावे श्रृंगार,
बंधन सारे मोह छलकावें,
जगत दिखाएं अभिमान।
काम दिखावे लालसा,
लालसा जगाए अज्ञान,
जगत की इसी चक्र में,
एक दिन यूं ही निकल जाएंगे प्राण।
बैठ बस यमुना तीरे,
भजे श्री हरि नाम,
नीर नैनन में भर आवें,
भूल जाए सब काज।
पोथी खोल सभी ज्ञान देवें,
सलाह देवें अनजान,
भटक भटक गए सब भाव मेरे,
अब घट आई यम त्रास।
आंख मूंदकर याद करू,
बस जगा दो अब ये भाव,
मीरा बनकर राग करूं मैं,
जीव्ह पर हो जगजननी का नाम।
प्रीति अनमोल छलके,
प्रेम दिखे अपार,
प्यार अब सौंपा तुमको,
हे जगदीश, जगत आधार।

अर्ज मेरी स्वीकार कीजो,
सुनियो चीत लगाए,
हृदय भाव सब सौंपू तुमको,
मन मंदिर बन जाए।
पुरुष रूप, भवानी ममता चखू,
स्त्री बन करू श्याम संग रास,
मयूर योनि जो मिले, करू वृंदावन में वास,
सिंह गर्जना छोड़कर भूतनाथ आसन बनू,
वृक्ष देह प्राप्त कर, बनू पीपल की काष्ठ।
मत्स्य बनू मैं गंगा की और
कमल रूप चढ़ूं श्री दुर्गा के पास,
जो मधुमक्षिका रूप मिले तब सुमन में निकले प्राण,
अंत में वह ही पुष्प हो श्री किशोरी का श्रृंगार।
जीवन सफल की जो मेरा,
हर जन्म आपको अर्पण,
छवि मनमोहन सुनहरी तेरी,
और हृदय मेरा हो दर्पण।
छोड़ पुरुषार्थ पुरुष का,
कर त्याग स्त्री श्रृंगार,
तोड़कर बंधन जगत के,
नतमस्तक हो आज।
सकल जीवन सभी प्रथा,
करू अब मैं अस्वीकार,
श्री माधवी की चरणों में,
बस निकले मेरे प्राण।।
मां बनो अंबा मेरी,
पिता कहाओ भूतनाथ,
भ्राता मेरे गोपाल हुए,
भगिनी धरा महान,

मित्र मेरे गजानन और,
बंधु वीर हनुमान,
सक्ल ब्रह्मांड कुटुंब भया,
जगत जननी, जगत आधार,
गुरु मेरे त्रिपुरारी हो,
दूर रहे व्यभिचार,
हर बंधन का मूल रूप बस,
आपका ही हो पालनहार।

3. मेरे मालिक

यूं इस कदर सब बदल गया

बेवजह भटकता था जो,

उस परिंदे को ठिकाना मिल गया,

क्यों पूछूं वो सवाल खुद से, क्यों?

जिन्होंने डरा कर चुप रहना सिखा दिया।

अभी तो चलना सीखा,

बड़े दर्द के बाद,

अभी तो जिंदगी को आराम मिल गया।

क्यों दूं दुनिया को जवाब,

जब तूने ही कुछ नहीं कहा,

तेरे आने की आहट ने ही, रोमांच ला दिया,

दो तारें जो अंधेरे में मौजूद थे, इस कदर

वो दो तारें जो झूठी शान के गुलाम थे,

एक टूटा तो,

तूने अंधेरा ही मिटा दिया

लोग कहते हैं, बोल तेरी रजा क्या है,

अरे! परेशान है जमाना,

कि मेरी चाह क्या है।

आंखें थक गई मेरी दुनिया के दीदार से,

दीया बुझ गया एक मुलाकात के तूफान से,

अब नहीं सुनी जाती शहनाई जमाने की,

अब नहीं तरसती निगाहें, किसी के सहारे की,

दिल खामोश है,

अब जन्नत को ठुकरा दिया हमने,

जिल्लत को, ताज बना ,
सिर चढ़ा लिया हमनें
जो काम नहीं हुए उनकी भी परवाह नहीं,
जो हो ना सका कभी, वो तु कर रहा है।
तो क्यों दूं जवाब इन सवालों के
खुद को क्यों भेजूं पुरानी किताबों में,
अब मेरी कहानी का लेखक, तो तू खुद है,
जिसने रची है यह कायनात, वह खुद मौजूद है
तो क्यों ढूंढो अब किसी और को मैं।
अरे चलना नहीं आता मुझे! गिर जाऊंगा,
उठना भी नहीं आता! कैसे? संभल पाऊंगा,
देखने को मन नहीं करता अब इस जहान को,
सुनने को दिल नहीं चाहता बेवजह के शोर को,
अब तो बस हंस देता हूं, तेरी ओर देखकर।
सुन रहा है ना तू? मुझे बोलना!
क्योंकि रो देता हूं ,तुझे ही सोच कर!
है पता मुझे यह कि तू मेरे आस-पास है,
है पता मुझे, तु मेरे साथ है,
डरता हूं कि कहीं तेरे दिल को ना दुखा दूं मैं,
डरता हूं, इस जमाने के अंधेरे में,
खुद को ना मिटा दूं मैं,
ख्वाइश बस इतनी है,
दर्द कयामत का नसीब मुझे हो,
जिल्लत और लाचारी की जंजीरों में जिंदगी, कैदी हो!
शान और शौकत नहीं चाहिए मुझे, बस!
तेरी यारी, तेरा साथ और तेरा नाम हर सांस पर हो।
बचाया तुने, संभाला भी है।
अब दुनिया को मत सौंप देना दोबारा!
बड़ा दर्द होता है, दूर तुझसें होकर

राहत मिलती है, रूबरू तुझसे होकर

जमाना क्या कहेगा ,परवाह नहीं। ए मालिक!

मोहब्बत तुझसे हो बस इतनी रहम कर दे,

खोलूं जो अपनी आंखें दीदार तेरा हो जाए,

मूंदू जो आंखें, सामने तू आ जाए।

जुबां पर मेरी बस तेरा ही नाम हो,

दिल में तू बसा हो ,बस तेरा ही दीदार हो

बक्श दें तेरी चाह मुझको, पागल हो जाऊं प्यार में तेरे।

बस तू ही तू, तू ही तू , तू ही तू,

मेरे मालिक कहता रहूं हर दफा में,

इसी कदर तेरी चाहत में जिंदगी भी निकल जाए,

सारे दुख दर्द सह लूंगा मैं,

बस एक बार तू कह दे कि तु मेरा है और मैं तेरा प्यारे!

हे परमात्मा! हे परमेश्वर!

अब खुद से दूर मत करना, बिखर जाऊंगा।

वैसे ही तुम ने ही संभाला है,

मुझे! अब जो गिरा तो जहन्नुम, से भी नीचे जाऊंगा,

दर्द तुझे भी होगा ,

सोचले जब गिरूंगा मैं,

आंसू बहेंगे, देख ले मेरे मालिक!

खुद से अलग मत करना,

बस यही रजा है मेरी।

बस तू ही तू, तू ही तू, तू ही तू,

मेरे मालिक!

4. स्पर्श

जब सांसो को बोलना था,

तब चुप थी धड़कन हमारी,

जब सुनना था नजरों से,

तब कहीं खामोशी थी कुछ भारी,

ना पलकें उठ पा रही थी,

ना दिल में कोई 'आशियाना' था,

'स्पर्श' था तो केवल,

किसी अनजानी अवाज़ का,

क्योंकि....

यहां से शुरू होने वाले थी कहानी 'हमारी'!

ना जाने कहां से एक आवाज आती है,

पहली बार एक अलग सा एहसास लाती है,

अनजाने में ही सही,

कुछ हलचल मैंने भी दिखाई,

बेजान सी अंगड़ाई में कुछ मुस्कान अब आई,

तब पहली बार धड़कन सुनी, मैंने खुद से किसी और की,

ना किसी का नाम था, ना किसी का नाम बोलती,

मानो बह रही हो कहीं नदी, किसी के 'जीवन' की।

सुनकर वो कल-कल थोड़ा मैं भी घबराया था,

होश ना था मुझे, पर फिर भी खुद को आजमाया था,

पलकों को जब मैंने जोर दिया ज़रा सा,

तब पता लगा, यह दिल है जो धड़क रहा किसी और का,

ना जाने क्यों दिल से दिल का नाता जुड़ गया,

एक बंद गहरे समुद्र में कोई हमदम मुझे मिल गया,

जो हंसता था संग मेरे और रोता मेरे साथ था,

ना जाने कैसे पता होता था,

उसे मेरे हर स्वाद का,

कभी मीठा तो कभी खट्टा,

तो कभी रसीला पन आता था,

बिना कुछ देखें ही,

यह अनकहा 'स्पर्श' पूरा संसार मुझे दिखाता था।

जलता था जो कभी शरीर मेरा तब,

गहरी सांसो से पास मेरे कोई आता था,

अभी तक देखा नहीं था!

खुद को और किसी और को,

पर फिर भी क्यों ना जाने,

इसका 'स्पर्श' मुझे सब कुछ दिखाता था।

आवाज नहीं थी वहां कोई घोर सन्नाटा था,

मानो अनंत ब्रहमांड में कोई खोया हुआ 'ओंकार' सा था,

उसी ओंकार की नाद से,

इस धड़कन का पता लगा,

'म्' वर्ण गूंजा और 'अ' स्वर भी बोल उठा,

पर चुप थे होठ मेरे,

कुछ बोल नहीं सकता था मैं,

फिर भी सांसो से समझ गया था की है कोन ये!

वहां अंधेरी रात थी ना देखा था सवेरा,

जहां नर्क भी कांप जाए वहां 'आशियाना' था मेरा,

क्योंकि.....

'घर छोटा हो या बड़ा, अच्छा हो या बुरा,

घर घर ही होता है',

यह भी समझाया था उसी ने,

अपने प्यार से संवारा था उसने,

उसकी हर बात को मैंने समझ लिया था,

मेरे हर भाव को उसने संभाल लिया था,
उसी अनकही धड़कनों से खुद को,
उसकी अनजानी दुनिया से मैंने बांध लिया था,
बड़ा प्यारा था वह रिश्ता जो बना था,
'हमारे' एक 'स्पर्श' से।

5. निगाहों से आहट

जब से नैना मिले हैं उनसे,

तब से आहट कुछ दिल में हुई है,

इज़हार करें हम किस वजह से,

अभी तो इंतहान होने ही कितने बाकी है,

तड़पती है सांसे अब,

गुमनाम सी हसीं है,

फिर भी ना जाने क्यों,

दिल में यह बेचैनी है,

जब से नैना मिले हैं उनसे,

तबसे आहट कुछ दिल में हुई है।

होती ना है बातें उनसे हमारी,

ना ही कभी मुलाकात हुई है,

कहते हैं सबसे है हम अकेले,

पर फिर भी कहीं दिल में हलचल सी हुई है,

सुनना है बाकी अब तो बस,

कहने को क्या ही है,

लव्ज बयां करें अपने हम कैसे,

जब हर तरफ रहती आपकी निगाहें ही है,

जब से नैना मिले हैं उनसे,

तबसे आहट कुछ दिल में हुई है।

अब तो ख्वाबों पर भी बस नहीं हमारा,

मंजिले सारी, अब तुम तक ही है,

हर सांसो में बसा, जो एक गहरा समुंदर,

उसकी हर एक लहरें में तुम्हारी हंसी है,

देखा नहीं है, अभी तक हमने चेहरा तुम्हारा,
ना जाने क्यों, फिर भी एक अलग ही खुशी है,
बेइंतहा है मोहब्बत हमारी
क्यों फिर भी अभी तक ख़ुदा की रज़ा नहीं है,
निगाहों ने ही तुम्हारी हमें मार डाला,
मुलाकात होना तो अब आपसे हमारा लाजमी है,
जब से नैना मिले हैं उनसे
तब से आहत कुछ दिल में हुई है।
बन चुकी है यह जिंदगी
अब तो एक कहानी ही,
इश्क के इन पन्नों पर
बिखर चुकी है एक अलग सी खुमारी ही,
बस अब तो कहानी का पूरा होना बाकी है,
सांसो ने लिखी है यह और दिल ने नवाज़ी है,
चाहत जो हमारी तुमसे तुम्हारी निगाहों की है,
वो दास्तां अब तुमको सुनानी है,
जब से नैना मिले हैं उनसे से
तबसे आहट कुछ दिल में हुई है।

6. कोई है!

"कोई है! कोई तो है! अरे हां ना कोई तो है!
पर पता नहीं कौन है? पर कोई तो है"
चुप रहो हंसना नहीं है, कोई देख लेगा।
अरे तुम संभल कर बैठो, कोई देख लेगा।
ध्यान से चलो, कोई देख लेगा।
अच्छे से खाओ, कोई देख लेगा।
सुधर जाओ सब देख रहे हैं,
अरे शर्म करो! कोई देख लेगा।
सुनो ध्यान से, कोई बोल रहा है।
इधर आओ, कोई बोल रहा है।
सुना नहीं तुमने, कोई बोल रहा है।
बातें मानना सीखो, कोई बोल रहा है।
समझो क्या बोल रहा है!
अरे शर्म करो! कोई बोल रहा।
धीरे-धीरे, बिल्कुल धीरे, ध्यान से कोई सुन लेगा।
तेज नहीं धीरे बोलो, कोई सुन लेगा।
मुझसे कहो बाहर नहीं, कोई सुन लेगा।
"दीवारों के भी कान होते हैं", कोई सुन लेगा।
सोच समझकर बोलो, कोई सुन लेगा।
सच बोलो, कोई सुन लेगा।
"झूठ बोल दो पर छुपाकर", कोई सुन लेगा।
समझ आएगा सुन लो!
अरे शर्म करो! कोई सुन लेगा।
हमें डर नहीं लगता! हमें क्यों किसी से डरे?

"समझ नहीं आता हम बड़े हैं तुमसे!
तुम्हें कोई हक नहीं होता हमसे इस कदर बात करने का!
पर, डरना क्यों है?"
"दुनिया क्या कहेगी, समाज क्या कहेगा?
हमें इसी दुनिया में, इसी समाज में, इन्हीं लोगों के साथ रहना है।
शर्म करो! "कोई है"!"
क्यों, किसलिए और कितनों से,
शर्म करें हम, चुप रहे हम, बस सुनते रहे हम!
जो कभी दिखता नहीं उससे डर लगता है
और खुद को देखकर आईने में भी, तरस आ जाता है!
जिन से आंखें मिली भी नहीं है उनसे आंखें छुपानी पड़ती है।
जिनकी बातें सुनी भी नहीं उनसे हंसी छुपानी पड़ती हैं।
छुपाना पड़ता हैं खुद को उनसे जो दुनिया से ही छुपे हुए हैं!
फिर भी कोई देख लेता है हमें छुप कर के।
हम शर्म करें- जमाने से और लोगों से?
'जो करती है' वह भी घूट कर रहे हैं
क्योंकि वह 'करती है', 'जो करता ह' तो वह घुट घुट कर मर जाए!
चाहे लड़का हो या लड़की,
दोनों बस जमाने से डरे, क्योंकि "कोई है"!

7. बदला ज़माना

जब गोद से उठ करके,
पहला कदम बढ़ाया था,
तब समझा नहीं था दुनिया को,
बस देखकर सभी को मुस्कुराया था,
गोल सी लगी थी दुनिया,
गोल गोल बातों ने हंसाया था,
शायद तभी से लेकर आज तक,
हमने सभी को अपना बताया था,
बदल चुका है ज़माना,
बदले कुछ रिश्ते हैं,
बदली बदली बातों से अब बदले हर किस्से हैं,
हंसी आती हैं कसम से, पर हंस हम नहीं सकते हैं,
दुख में है पूरी दुनिया पर हम अपनी खुशी बता भी नहीं सकते हैं,
अरे! हमें भी दुखी होना पड़ेगा क्योंकि दुखी सारा संसार है,
कितने मज़े के बात है ना-
बनने के लिए अच्छा इंसान,
खुद की खुशी छुपानी पड़ती है,
बहते हुए कुछ पल के आंसुओं को,
झूठी तसल्ली दिलानी पड़ती है,
इतना तो दुख में नहीं रोता है इंसान,
जितना दुख जताने के लिए,
अपने ही दिल को दर्द भरी तस्वीरें दिखानी पड़ती हैं।
खैर छोड़ो बढ़ते हैं आगे,
क्या ही बताएं हम इंसानियत के इरादे,

बेवजह लड़ लेता है इंसान,

बेवजह हंस लेता है इंसान,

बेवजह रो लेता है इंसान,

ये सब जाना हमने,

जब उठकर गोद से निहारा जहान को,

अब डर लगता है कई दफा,

देखकर इतनी इंसानियत!

पर अब बैठ नहीं सकते जाकर उसे गोद में दोबारा,

क्योंकि...

निहारते हुए ज़हान को गुजर गया,

समय वो सुहाना,

जब आंचल के झरोखे से,

देखा था हंसता हुआ चेहरा बड़ा प्यारा,

बदल चुका है जमाना,

बदले कुछ रिश्ते हैं,

बदली बदली बातों से अब बदले हर किस्से हैं।

प्रार्थना

सर्वोच्च ईश्वर से मेरा विनम्र अनुरोध है कि हम पर अनंत प्रेम और कृपा बरसाएं। हम जानते हैं, हम इतने अच्छे नहीं हैं, इतने संपूर्ण नहीं हैं, न हमारे अच्छे कर्म हैं और न ही अच्छे इरादे हैं। लेकिन हे जगत्-जननी, हे करुणामयी कृपया हमें अपना प्यार और स्नेह दें। हम आपके बच्चे हैं और एक माँ अपने बच्चों को अनंत अंधकार और पाप की आग में अकेला नहीं छोड़ सकती। केवल एक माँ ही अपने बच्चों को पूर्ण और मेधावी बना सकती है, भले ही वे भौतिकवादी कीचड़ में लिपटे हों। हे जगदम्बा, हे त्रिपुरा सुन्दरी कृपया हमें अपनी गोद में ले लो और हमें अपने प्यार से पोषित करो।

'ये कविताएँ विशेष रूप से प्रेम और संबंधों के लिए नहीं हैं, बल्कि ये केवल सभी रूपों में भक्ति के लिए हैं, चाहे वह रूप मातृत्व हो, भय हो, आत्म-संदेह हो या प्रियतम के लिए प्रेम हो।'